ÉTABLISSEMENT

DES

COMMUNES ARABES

ÉTABLISSEMENT

DES

COMMUNES ARABES

Charles GILLOTTE

CONSTANTINE

TYPOGRAPHIE ET LITHOGRAPHIE DE VEUVE GUÉNDE

PLACE DU PALAIS

1863

ÉTABLISSEMENT

COMMUNES ARABES

I.

Vers la fin du Xe siècle, les vilains de Normandie récla-
maient des franchises ; ils s'écriaient :

> Pourquoi nous laisser faire dommage ?
> Nous sommes hommes comme ils sont ;
> Des membres avons, comme ils ont ;
> Et tout autant grand cœur avons,
> Et tout autant souffrir pouvons !

Le mouvement était dirigé par les serfs qui voulaient
éteindre les droits du maître sur leur terre et leur personne (1), par tous ceux qui voulaient se soustraire au joug
de leur seigneur (2). »

Le moment n'était pas venu : les idées de civilisation et
de progrès étaient en germe, mais elles ne devaient éclore

(1) Duruy, *Hist. de France*, t. 1ᵉʳ, p. 263 et 264.

(2) Roman de Rou. — Robert Wace, poëte anglais-normand,
1160.

et se manifester avec puissance qu'à une époque encore éloignée.

Le comte d'Evreux, avec ses bandes, eut raison des agitateurs et pendant quelque temps les idées libérales comprimées prirent en silence cette force qui devait amener la consécration des droits naturels depuis longtemps méconnus.

« La France, dit Henrion de Pansey, présentait alors le spectacle d'un grand royaume déchiré par une multitude de seigneurs de fiefs, qui avaient envahi presque tous les droits du prince et toutes les libertés du peuple. Telle était la triste condition des habitants des campagnes, qu'ils avaient perdu jusqu'au sentiment de leur dégradation. Mais ceux des villes plus éclairés sentaient mieux le poids et la honte du joug sous lequel ils gémissaient. Enfin, l'oppression exerça sur eux sa lente mais inévitable influence. Elle leur révéla le secret de leur force et ils arrachèrent aux seigneurs ces concessions que nous appelons *Chartes de Communes*. »

..... Dans toutes les villes érigées en communes, il s'éleva un pouvoir qui, habilement secondé par les rois, rivalisa bientôt avec la puissance féodale et dans les forces combinées avec celles de la couronne ne tardèrent pas à dépouiller les seigneurs de la plupart des prérogatives qu'ils avaient usurpées sur elle. A cet évènement se rattache tout ce qui a été fait depuis dans l'intérêt de la liberté. »

Durant le XIe siècle, l'idée des vilains de Normandie grandit, se propagea, s'étendit. Le besoin d'affranchissement devint général.

Le Mans, Cambrai, donnèrent le signal ; Amiens, Beauvais , Noyon et plusieurs autres villes suivirent l'exemple et obtinrent de leurs seigneurs des Chartes de communes.

Commune, dit Guibert de Nogent qui écrivait au XIIe siècle, commune est un nom nouveau et détestable et voici ce qu'on entend par ce mot : les gens taillables ne paient plus qu'une fois l'an, à leurs seigneurs , la rente qu'ils lui doivent. S'ils commettent quelque délit, ils en sont quittes pour une amende légalement fixée... Ainsi, la légalité substituée pour les manants à l'arbitraire , voilà cette chose détestable que réprouve le vieil écrivain !...... C'était , en effet , la ruine de la société féodale , puisque c'était une tentative pour imposer des bornes à la violence.

« Le mouvement était général ; il se fit sentir dans la France entière sans que les bourgeois se fussent nulle part concertés : la cause étant partout la même, l'oppression des seigneurs.

» Louis VI joua cependant un rôle dans cette révolution en lutte avec le même ennemi, la féodalité ; il seconda par calcul cette insurrection qui lui assurait des alliés au milieu même des possessions de ceux qu'il combattait.

» Il confirma huit chartes de commune, c'est-à-dire qu'il accorda la sanction et la garantie royales aux traités de paix conclus entre les vassaux rebelles et leurs seigneurs traités qui stipulaient les concessions obtenues par les ma‑nants.

» Cette politique habile donnait tout d'un coup une force immense au prince qui portait le titre de roi de France, parce qu'elle le montrait comme le patron de ceux qu'on appela, plus tard, le tiers-état. De ce jour là, en effet, data la religion, si longtemps vivace en France, du peuple pour le roi (1). »

Humble écrivain nous n'avons pas à sortir du cadre qui fixe les limites de notre travail; nous n'avons pas à nous préoccuper du soin de savoir qui de Dupin, de Thourel, de Barante ou d'Augustin Thierry a raison.

Les premiers prétendent que l'idée de la constitution communale a pris naissance dans le cerveau royal de Louis-le-Gros qui tenait à diviser pour régner; Augustin Thierry croit que c'est le désir d'échapper à une oppression devenue intolérable, que c'est la nécessité de lutter avec la puissance féodale, partout où la population était assez nombreuse pour le faire, qui a produit la révolution politique qu'on signale dans le douzième siècle.

Ce qu'il nous importe de constater, c'est la victoire remportée par la raison sur la force brutale, ce qu'il nous importe de faire valoir, c'est le bien qui est résulté d'une institution « qui est devenue pour la France la source de toutes les autres libertés. »

Lorsque l'autorité royale n'eut plus rien à craindre de la part des seigneurs, elle tendit à restreindre les avantages des communes.

Les offices municipaux dépouillés d'une grande partie de leurs attributions, furent mis à l'encan.

Le droit d'élection rendu par l'édit de 1764, enlevé par l'édit de 1771, ne fut rétabli qu'après le grand acte de 1789.

Il faut bien le reconnaitre, les lois des 14 décembre

(2) Duruy: Histoire de France, tome 1, page 262.

1789 et 3 septembre 1791 ne réalisèrent pas tous les avantages sur lesquels on comptait.

Des modifications nombreuses furent apportées au régime des communes, notamment par la constitution du 5 fructidor an III et par la loi du 28 pluviôse an VIII. Les lois des 21 mars 1831 et 18 juillet 1837 sont venues enfin créer, par leur combinaison, un système complet sur ce point.

Aujourd'hui, nous nous trouvons sous l'empire du décret du 3 juillet 1848, modifié par les dispositions de la loi du 7 juillet 1852, qui coordonne, en les améliorant, les dispositions de la législation antérieure et par la loi de 1855.

En suivant cette marche progressive, on arrive à reconnaître que la création de la commune a pris naissance dans le besoin de faire disparaître des abus nés de cette circonstance que chaque seigneur se considérait comme un petit monarque, ayant des droits absolus sur les biens et sur la personne de ceux qui, sous sa dépendance, n'étaient retenus au sol, au gouvernement général, par aucun des liens qui attachent le peuple, le bien être et le sentiment de sa dignité personnelle.

II.

Rome a laissé en Afrique des vestiges imposants qui témoignent de la grandeur de son occupation. Les conquérants s'étaient efforcé, comme l'avaient fait les Carthaginois, « de lier par le commerce et l'agriculture leurs intérêts et ceux des indigènes, afin de les dominer et de les exploiter plus sûrement,.....on vit à cette époque une foule de tribus Numides et Gétules adopter là vie sédentaire des colons et préférer aux fatigues d'une existence nomade les paisibles travaux de l'agriculture. » (2)

Les Arabes arrivèrent dans le pays moins comme des colonisateurs que comme des guerriers; poussés par leur humeur belliqueuse, on les vit chercher à s'étendre et porter jusqu'en Espagne leurs pas aventureux.

Après avoir conquis l'Afrique, les Arabes sont restés ce qu'ils étaient dans l'origine : prêts à répondre, au premier signal et à combattre, non pour défendre leurs biens, mais pour donner satisfaction à leurs instincts particuliers.

Ils ont campé partout où la terre leur offrait des ressources en rapport avec leurs besoins.

Autour de la tente du chef se sont groupées les tentes des subalternes; d'années en années, de siècle en siècle, la puissance du père de famille s'est perpétuée, son autorité s'est conservée.

Il n'est pas un Douar, une réunion de tentes qui ne subisse cette loi, qui n'est autre que la coutume fidèlement observée.

Sous la domination Turque des chefs furent nommés par les gouvernants : agents salariés et jouissant d'une autorité qui se montrait d'autant plus exigeante qu'elle se sentait mieux soutenue, ils ont cherché à diminuer l'importance du chef du Douar pour augmenter leur influence particulière.

Deux forces ont marché de front, l'une de fait ancien,

(2) L. Galibert.

l'autre de fait nouveau ; la première plutôt morale que réelle, la seconde plutôt imposée qu'acceptée !

Lorsque nous sommes arrivés dans le pays, nous avons trouvé les choses en cet état.

Il s'agissait avant tout de maintenir l'ordre ! Nous avons nommé des agents ; nos choix n'ont pas toujours été heureux ; l'erreur sur les personnes était inévitable. Ceux qui semblaient offrir certaines garanties de soumission au gouvernement français, ceux qui étaient assez habiles pour flatter le pouvoir, trouvaient dans leur position précaire et momentanée la possibilité de se constituer des fortunes importantes.

Les chefs de tente seuls avaient assez de force pour résister aux chefs nommés et la masse était livrée aux exactions les plus effrénées.

Chaque Arabe taillable, corvéable à merci, s'endormait à l'aise, se réveillait ruiné.

Le zèle des chefs se prouvait par la somme des amendes dont le montant revenait à l'état ; leur fortune grossissait rapidement par les parts considérables qu'ils conservaient pour eux. Les terres ARCH étaient possédées, non dans un intérêt commun, mais au profit de l'intérêt particulier du caïd et de ses gens. Admis à participer au travail, les habitants de la tribu n'étaient point admis au partage des produits.

Aussi, les voyait-on répondre au premier signal, n'ayant aucun intérêt personnel à ménager, ils étaient, comme ils le sont encore, prêts à plier leur petit bagage pour suivre la voie que leur indiquait le premier imposteur, le premier fanatique venu.

On a dit avec beaucoup de raison : « la soumission des Arabes est aussi difficile que l'est peu la pacification de la Kabylie. »

En effet, les Arabes qui ne sont pas retenus au sol par l'attrait de la propriété fuient devant nos colonnes, se disséminent tant que dure l'expédition pour se reconstituer aussitôt que le danger est passé.

Les Kabyles, au contraire, braves et courageux, font une résistance acharnée : ils défendent pied à pied chaque parcelle du terrain qui est leur propriété ; vaincus et soumis, ils sont fidèles aux conditions imposées, par cela seul qu'ils ont un immense intérêt à les respecter.

Il existe donc, cela ne saurait être contesté par ceux qui habitent le pays depuis longtemps et notamment par ceux qui n'ont d'autre intérêt que la prospérité de la colonie et la gloire de la France, — deux choses qui se lient étroitement, — une féodalité particulière qui s'oppose aux progrès de notre œuvre civilisatrice.

Les chefs, quels qu'ils soient, font tous leurs efforts pour maintenir les Arabes dans leur ignorance, pour entretenir leurs erreurs à notre sujet. Ils ont tout à gagner à perpétuer un état de choses qui leur est essentiellement et particulièremnnt profitable.

Lorsque le texte de la lettre impériale a été publié certains bruits de nature à diviser l'opinion des indigènes se sont propagés avec une incroyable activité.

Deux partis se sont formés : le parti des chefs de famille et des chefs nommés et le parti des administrés. Aujourd'hui les premiers prétendent qu'en abandonnant à titre de propriété les terres possédées, l'Etat entend rendre non pas ceux qui travaillent, mais, au contraire, ceux au profit desquels on travaille, propriétaires.

Les seconds soutiennent qu'en abandonnant aux tribus les terrains Arch, l'Etat entend rendre utile, au point de vue d'un partage ultérieur par tente ou par tête, le travail de chacun.

En d'autres termes, les grands pensent que c'est à leur profit exclusif que l'abandon des terres possédées a lieu ; les faibles espèrent qu'une répartition équitable viendra donner à chacun une fixité indispensable pour assurer la tranquilité et préparer l'avenir du pays.

III.

Depuis longtemps le gouvernement promet à l'Algérie une organisation définitive qui mettra le pays à l'abri des tiraillements qui lui ont fait tant de mal.

Après avoir pris connaissance de la lettre adressée par l'Empereur au Maréchal Gouverneur, la population s'est vivement émue. On supposait que le chef de l'Etat se préoccupant de la situation anormale de l'Algérie allait réaliser toutes les promesses de la constitution.

Certains passages de la lettre, alors que le souvenir de la réception faite à quelques chefs indigènes existait encore, paraissaient indiquer l'intention de se concilier l'opinion des indigènes en sacrifiant les intérêts européens. Tel était du moins le sens donné au message impérial, telle fut la cause du mouvement qui s'est produit. Quelques personnes saisissant avec empressement l'occasion de prendre la parole dans une circonstance qu'elles considéraient comme grave, ont dirigé une partie de la population dans la voie du pétitionnement et ont appelé l'attention de la presse et des grands corps constitués sur l'Algérie.

La lecture du projet de Sénatus-Consulte a causé une grande surprise. Fait en vue de l'intérêt exclusif des Arabes, il laissait de côté toutes les questions relatives à la situation des Européens.

Sans doute, il eut mieux valu mettre un terme à l'incertitude et présenter un travail qui, en définissant la position, aurait permis à l'immigration de se produire dans des conditions connues, débattues et acceptées. On aurait ainsi porté remède à ce mal qui nous ronge.

L'Algérie offre toutes les conditions possibles d'un succès assuré ; mais depuis trente-trois ans nous occupons le pays et depuis trente-trois ans nous procédons, par saccades, sans but défini, sans plan arrêté.

L'attention de la France, fatiguée des lenteurs de la colonisation, attribue au sol cet état de stagnation qui a sa cause et son principe dans l'insuffisance des moyens employés.

Les efforts de tous les Algériens, d'accord avec l'intérêt de la France, doivent tendre à sortir de cette position anormale. Ce n'est pas à l'aide de protestations et de plaintes que nous devons procéder. Habitants du pays, nous avons consenti aux conditions qui nous étaient faites et nous n'avons pas le droit de protester contre une situation acceptée, mais nous ne devons pas hésiter à faire valoir les raisons qui militent en faveur du progrès à accomplir dans l'intérêt général.

Connaissant bien le pays, nous avons incontestablement le droit de formuler notre pensée, de signaler les erreurs commises et d'indiquer les réformes à opérer.

Si nous ne pouvons faire valoir des droits, nous ne devons pas oublier que le but national est un devoir pour tous et nous devons essayer d'obtenir, par la seule force de nos raisonnements, des mesures qui, repoussant les expédients de circonstance, doivent tendre à l'assimilation la plus complète.

Le chef de l'Etat entendra nos vœux et ne fut-ce que dans un intérêt d'équité et de justice, l'Empereur réalisera nos espérances.

Le sénatus-consulte a pour objet de modifier, en les rendant utiles, les dispositions de la loi du 16 juin 1851.

En proclamant l'inviolabilité des droits de jouissance des tribus sur les biens possédés, la loi de 1851 avait créé un état de choses nuisible aux progrès de la colonisation. Frappés d'inaliénabilité, les terrains Arch ne profitaient qu'à un petit nombre.

Dorénavant les droits de jouissance sont convertis en droit de propriété. Seulement, au lieu d'être attribués aux particuliers, ces droits de propriété sont consacrés au profit de l'être collectif, la tribu ou la fraction de tribu.

Cette propriété devient susceptible d'une libre transmission par suite de l'abrogation des deuxième et troisième paragraphes de l'article 14 de la loi du 16 juin 1851 qui interdisaient à d'autres qu'à l'Etat l'aliénation du droit de propriété ou de jouissance sur le sol du territoire d'une tribu au profit de personnes étrangères à la tribu.

Les conséquences probables du sénatus-consulte dit l'exposé des motifs, seront dans un délai plus ou moins éloigné:

... L'extension plus rapide des territoires civils et surtout celle des pouvoirs judiciaires et réguliers ;

... L'organisation sur une plus grande surface du système municipal ;

... L'établissement de l'impôt foncier auquel conduiront naturellement la délimitation et la constitution de la propriété ;

... Celui des droits d'enregistrement sur les transmissions dont cette propriété sera l'objet ;

... L'augmentation des revenus de l'Algérie et par suite le développement plus rapide des travaux publics !

La loi de 1851 a reconnu la propriété collective ; tous les efforts doivent tendre maintenant à diviser cette propriété collective et à en faire profiter, à titre particulier, chaque membre de la tribu.

En un mot, il est utile, il est urgent de constituer la propriété individuelle.

Quel est le moyen de parvenir à ce résultat dans un bref délai et d'une façon absolument juste ? C'est là, le sujet que nous allons aborder.

IV.

Aux yeux de l'histoire philosophique, dit Buchez dans

son histoire de la formation de la nationalité française, les hommes ont tous une destinée semblable.

« Ils ont tous reçu les mêmes facultés, les mêmes aptitudes, une raison semblable et malheureusement des faiblesses pareilles.

« Ils marchent tous vers une même civilisation finale et définitive. Seulement, à raison des circonstances particulières, leurs progrès sont plus lents ou plus rapides. Mais la route est la même, les étapes à même distance, les stations caractérisées par les mêmes contingences, et les mêmes nécessités, aussi comme ils se ressemblent tous, si le mouvemement est laissé à leur propre spontanéité, si nul secours étranger ne vient leur faire franchir un intermédiaire, il arrive que chacun de leurs pas dans cette voie, s'achève en traversant des phénomènes sociaux analogues, si ce n'est pareils.

« Ce n'est point, ajoute le même auteur, l'identité de race qui forme les nations ; car on a vu et on voit des populations appartenant évidemment à la même race et qui sont cependant divisées en nations différentes, profondément hostiles les unes aux autres et se disputant entr'elles la domination.

« Ce n'est point non plus l'identité de langage, la similitude de climat ni même le voisinage des habitations ; car on a vu et on voit des populations qui ont tout cela et qui forment cependant des nations différentes.

« .... C'est la communauté du but d'activité qui engendre les nations ; en général il n'y a société parmi les hommes que lorsqu'ils ont un même but d'activité, ce n'est qu'alors qu'ils peuvent spontanément sentir, penser, raisonner, vouloir et agir ensemble comme s'ils avaient une seule âme et un seul corps.

« Ce n'est qu'alors que l'on peut dire que les sentiments et les pensées sont en société comme les corps.

« La collection des hommes n'est plus une foule, ni une troupe divisée par des intérêts et des sentiments; c'est une unité réelle, une vraie société. »

Le cours des âges nous a doté des bienfaits d'institution qui sans être absolument parfaites, produisent de merveilleux résultats.

La constitution municipale a été sans contredit l'un des éléments les plus efficaces du progrès.

En jettant un regard en arrière, nous voyons dans la marche des institutions municipales, trois périodes, parfaitement distinctes.

La première commence à l'invasion germanique et dure jusqu'à la fin du Xme siècle.

La seconde prend naissance au commencement du XIme siècle pour finir en 1793.

Enfin, la troisième est celle où nous nous trouvons et qui datant de 1793, a subi jusqu'à ce jour d'importantes modifications.

Il s'agit de faire franchir aux indigènes les étapes que nous avons parcourues si laborieusement, il s'agit de les faire profiter d'une situation qui est le fruit du temps et d'une expérience péniblement acquise, il s'agit de les doter d'une sorte d'autonomie locale et de les incorporer à l'Etat.

Le moyen le plus sûr d'obtenir ces résultats, serait de créer les communes arabes !

V.

Autrefois, il existait dans presque toutes les tribus arabes une djemma ou conseil de famille composé des anciens et des hommes qui, par leur intelligence et la confiance qu'ils avaient su inspirer, étaient devenus les conseils et les administrateurs de la tribu.

L'autorité de la djemma était grande et souvent elle mettait un frein à l'ardeur passionnée des chefs nommés.

Les nécessités de la conquête obligèrent le gouvernement français à négliger une institution qui contrebalançant presque toujours, avec avantage, l'autorité du cheick ou du caïd, pouvait légitimer, de la part des indigènes, des idées que les chefs dévoués à notre cause avaient pour mission de combattre et de détruire.

Le prestige de la djemma est tombé, lorsque les membres de la tribu ont pu constater que, forts de notre concours et de la foi qu'on ajoutait à leur parole, les caïds et les cheicks, ne tenaient plus compte des avis formulés.

Petit à petit l'institution qui portait en elle le germe de la constitution municipale est tombée en désuétude et, à peine trouve-t-on maintenant dans quelques tribus, des djemma dont les attributions sont restreintes et se bornent à la concilation parmi les habitants du même pays.

Rien ne serait plus facile que de reconstituer la djemma.

Les membres de chaque tribu nommeraient un certain nombre d'individus dont la réunion formerait un véritable conseil municipal. Le gouvernement désignerait, parmi les membres de ce conseil, un maire ou cheick, un adjoint ou khalifa.

Les conseils municipaux régleraient, par leurs délibérations...., le mode d'administration des biens communaux (par biens communaux nous entendons les biens Arch dont la jouissance est aujourd'hui convertie en propriété).

... Les conditions des baux à ferme ou à loyer ;

... Le mode de jouissance et la répartition des paturages ; au besoin le partage du produit des bois, c'est-à-dire l'affouage.

... L'organisation de l'instruction publique et du culte ; les délibérations sur le budget de la commune et en général toutes les recettes et les dépenses soit ordinaires soit extraordinaires ; les tarifs et les règlements de perception de tous les receveurs communaux : les acquisitions, aliénations et échanges ; la *licitation* et le *partage* entre les habitants de la commune des biens communaux ; les parcours et la vaine pâture.

En un mot, les attributions des conseils municipaux et des maires, seraient les mêmes qu'en France; les ressources des communes se composeraient princicipalement des comptes établis et régularisés et du produit des amendes prononcées par les cadis comme juges de simple police.

Sans doute, il serait difficile sinon impossible de constituer toutes les communes en même temps, mais rien ne s'oppose à ce qu'un essai soit tenté dans les tribus les plus rapprochées des centres européens.

Selon toutes probabilités, vaincues par l'exemple, entraînées par le désir d'avoir leur administration propre et particulière, les tribus solliciteront de proche en proche une organisation qui ne pourrait que leur être profitable.

Toutes les opérations municipales seraient dirigées et centralisées par des commissaires civils ou par des sous-préfets qui correspondraient avec le général commandant la division; préfet pour le territoire militaire (ce territoire diminuant progressivement), et avec le préfet en territoire civil.

Ces concessions, faites à l'esprit arabe, relèveraient les indigènes à leurs propres yeux et, peut-être, trouverions-nous dans des mesures qui coûteraient si peu, des moyens de conquête moins coûteux et moins sanglants que ceux que nous avons employé jusqu'à ce jour.

Du reste, pour obliger les tribus à nous prêter un concours utile, le système de la responsabilité, ce droit exhorbitant mais indispensable pendant quelque temps encore dans un vaste pays habité par des gens qui nous ont jusqu'à ce jour considéré comme des ennemis, serait provisoirement maintenu.

VI.

La commune étant établie, les biens communaux, (terrains arch, abandonnés par le sénatus-consulte à l'être collectif) étant délimités, il y aurait lieu de procéder au partage tout en conservant pour la commune une surface suffisante pour assurer ses ressources et pour faciliter la création de son budget au titre des recettes.

En consacrant les droits de jouissance des tribus, la loi

du 16 juin 1851, frappait d'inaliénabilité les biens possédés, de plus elle interdisait la vente des biens melk dans un certain périmètre.

Cette loi était la reproduction des anciennes ordonnances des rois de France et notamment de l'ordonnance de 1659 qui frappait aussi les biens communaux d'une sorte d'inaliénabilité et les faisait considérer comme des biens substitués indéfiniment au profit des générations futures.

Quelques exceptions à la règle admise en principe par les ordonnances, avaient été autorisées par des édits qui permettaient le partage des terrains communaux par tête ou par ménage.

« Mais la prospérité de l'Etat qui a aussi sa source dans les relations commerciales, souffrait de la trop grande agglomération des propriétés dans les mains de gens de main morte.

« Le morcellement de ces propriétés devait en outre favoriser les progrès de l'agriculture et seconder surtout la propagation des idées libérales et rattacher ainsi par l'amour de la propriété, la masse des pauvres au gouvernement. »

La loi du 14 août 1792 ordonna le partage des biens communaux suivant des formes déterminées, mais laissée sans exécution, elle fut modifiée par la loi du 20 juin 1793 qui décida que le partage des biens communaux serait facultatif pour les communes.

Le but principal de cette loi était d'autoriser les communes à partager leurs biens sans aucun contrôle et de les soustraire sous ce rapport à la tutelle du gouvernement.

Cette loi n'a point été abrogée mais en fait son application est devenue impossible par suite de la promulgation de la loi de sursis du 21 prairial an IV, de la loi du 2 prairial an V qui pour les aliénations exige une autorisation du gouvernement, enfin du décret du 9 brumaire an XIII relatif au mode de jouissance des biens communaux qui dispose que les communes qui n'auront pas profité de la loi du 10 juin 1793. pour partager leurs communaux continueront d'en jouir comme par le passé.

La position faite aux arabes par le sénatus-consulte est identiquement celle des habitants des communes de France, avant la loi de 1793.

Ce serait un grand malheur pour la colonie et pour les indigènes si, considérant la conversion du droit de jouissance en droit de propriété, comme un abandonnement au profit de la commune ou communauté, l'Etat décidait que les habitants de la tribu n'auraient qu'un droit de jouissance viagère et temporaire et déclarait les communaux insusceptibles de division.

Les chefs n'ont pas de droit de triage : le gouvernement a abandonné l'idée du cantonnement qui consiste à convertir un droit de jouissance sur un terrain dont l'étendue excède les besoins de l'usager, en un droit de propriété sur une partie de ce terrain proportionné à ces mêmes besoins ; Afin d'utiliser la propriété, il faut la mobiliser, pour la mobiliser il est indispensable de recourir au partage.

Pourquoi attendrait-on ?.... Il y a urgence et nécessité à diviser les biens fonds des tribus entre les habitants actuels ; il faut leur attribuer la pleine disposition de leur part et leur permettre de les aliéner et de les transmettre par succession, donation, vente, etc.

Rien ne serait aussi facile que d'atteindre ce résultat! il suffirait de promulguer sous certaines modifications et de rendre applicable à l'Algérie le Décret des 10-11 juin 1793, concernant le mode de partage des biens communaux.

Ce Décret semble préparé pour les besoins de la situation. On ne rencontrerait ni difficultés dans l'application du système municipal ni résistance de la part des indigènes qui accepteraient comme un bienfait nos institutions.

Les Kabyles chez qui le droit de famille et de propriété est plus développé que chez les arabes ont déjà un fonctionnement régulier et l'exemple qu'ils fournissent démontre que l'idée que nous émettons pourrait être facilement utilisée.

VII.

Notre travail a pour but de faire valoir les avantages qui résulteraient de la création des communes arabes, et de l'application du décret de 1893.

Le texte de ce decret est peu connu ; pour provoquer les observations comme pour faciliter les recherches de ceux qui s'intéressent à la question qui nous occupe, nous allons en terminant faire connaître ses principales dispositions.

Décret concernant le mode de partage des biens communaux.

—

(10-11 juin 1793.)

—

SECTION 1re.

Art. 1. — Les biens communaux sont ceux sur la propriété ou le produit desquels tous les habitants d'une ou de plusieurs communes, ou d'une section de commune ont un droit commun.

2. — Une commune est une société de citoyens unis par des relations locales, soit qu'elle forme une municipalité particulière, soit qu'elle fasse partie d'une autre municipalité, de manière que si une municipalité est composée de plusieurs sections différentes et que chacune d'elles ait des biens communaux séparés, les habitants seuls de la section qui jouissaient du bien communal, auront droit au partage.

3. — Tous les biens appartenant aux communes, soit communaux, soit patrimoniaux, de quelque nature qu'ils puissent être, pourront être partagés, s'ils sont susceptibles de partage, dans les formes et d'après les règles ci-après prescrites, et sauf les exceptions qui seront prononcées.

4. — Sont exceptés du partage, les bois communaux lesquels seront soumis aux règles qui ont été ou qui seront décrétées pour l'administration des forêts nationales.

5.. — Seront pareillement exceptés du partage, les places, promenades, voies publiques et édifices à l'usage des communes, et ne sont point compris au nombre des biens communaux, les fossés et remparts des villes, les édifices et terrains destinés au service public, les rivages, lais et relais de la mer, les ports, les hâvres, les rades, et en général, toutes les portions du territoire qui, n'étant pas susceptibles d'une propriété privée, sont considérées comme une dépendance du domaine public.

6. — Les communes ou les citoyens qui ont joui jusqu'à présent du droit d'y conduire leurs bestiaux, continueront d'en jouir comme par le passé.

7. — Lorsque, d'après les visites et procès-verbaux des agents de l'administration forestière auxquels seront joints les officiers muni-

cipaux, il demeurera constant que tout ou portion de ces biens n'est pas d'un produit suffisant pour rester en cette nature, l'exception portée en l'article précédent n'aura pas lieu pour cette partie, après que lesdits procès-verbaux auront été autorisés par le directeur du département, sur l'avis de celui du district ; mais il sera délibéré et statué sur son partage ou son repeuplement par l'assemblée des habitants et dans la forme qui sera ci-après prescrite.

8.....

9. — Seront tenus en réserve les terrains qui renfermeraient des mines, minières, carrières et autres productions minérales dont la valeur excéderait celle du sol qui les couvre, ou qui seraient reconnues d'une utilité générale, soit pour la commune, soit pour la république.

SECTION II.

Art. 1er. — Le partage des biens communaux sera fait par tête d'habitant domicilié, de tout âge et de tout sexe, absent ou présent.

2. — Les propriétaires non habitant n'auront aucun droit au partage.

3. — Sera réputé habitant, tout citoyen français domicilié dans la commune un an avant le jour de la promulgation du décret du 14 août 1792, ou qui ne l'aurait pas quitté un an avant cette époque pour aller s'établir dans une autre commune.

4. — Les fermiers, métayers, valets de labour, domestiques et généralement tous citoyens, auront droit au partage, pourvu qu'ils réunissent les qualités exigées pour être réputés habitants.

5. — Tout citoyen est censé domicilié dans le lieu où il a son habitation, et il y aura droit au partage.

6. — Ceux qui ont accepté des fonctions publiques temporaires seront exceptés des dispositions de l'article précédent, et auront la faculté de prendre leur partage dans la commune qu'ils auront quittée pour l'exercice des mêmes fonctions. Cette exception s'étendra aux domestiques et marchands voyageurs.

7. — Les pères et mères jouiront de la position qui écherra à leurs enfants, jusqu'à ce qu'ils aient atteint l'âge de quatorze ans.

Nul ne peut avoir droit au partage dans deux communes.

8... 9... 10... 11...

12. — Chaque habitant jouira en toute propriété de la propriété qui lui écherra dans le partage.

13. — Il ne pourra cependant l'aliéner pendant les dix années qui suivront la promulgation du présent décret ; et la vente qu'il en pourrait faire sera regardée comme nulle et non avenue.

14. — Le parcours ne donne aucun droit au partage.

15. — Tout acte ou usage qui fixerait une manière de procéder au partage des biens communaux ou patrimoniaux différente de celle portée par le présent décret, sera regardé comme nul et de nul effet.

16. — La portion de communal qui écherra à chaque citoyen dans le partage, ne pourra être saisie pour dettes, même antérieures à la promulgation du présent décret, pendant les dix ans qui suivront ladite promulgation, excepté pour le paiement des contributions publiques.

Section III.

Art. 1er. — Le partage des biens communaux sera facultatif.

2. — Huit jours après la publication du présent décret, la municipalité dans l'étendue de laquelle est situé le bien communal, ou, à son défaut, l'administration du district, convoquera tous les citoyens ayant droit au partage, dans la forme prescrite pour la convocation des assemblées communales.

3. — L'assemblée des habitants aura toujours lieu un dimanche ;

4. — L'assemblée des habitants sera tenue suivant les formes établies pour les assemblées communales.

5. — Tout individu de tout sexe ayant droit au partage, et âgé de 21 ans, aura droit d'y voter.

6. — A l'ouverture de l'assemblée, un commissaire nommé par le Conseil général de la commune donnera connaissance à l'assemblée de l'objet de la convocation, et fera lecture du présent décret, après quoi il sera procédé à la nomination d'un président et d'un secrétaire.

7. — L'assemblée formée, elle délibérera d'abord si elle doit partager ses biens communaux en tout ou partie.

8. — Les opinions seront recueillies par oui ou par non.

9. — Si le tiers des voix vote pour le partage, le partage sera décidé.

10. — Après cette détermination, la délibération qui portera le partage, ne pourra plus être révoquée.

11. — L'assemblée pourra délibérer la vente ou l'afferme d'un bien communal qui ne pourrait se partager, et dont la jouissance en commun ne serait pas utile à la commune ; mais ladite délibération ne pourra avoir son effet qu'après avoir été autorisée par le directoire du département sur l'avis de celui du district, qui fera constater si ledit bien communal n'est pas susceptible d'être partagé, ou si l'intérêt de la commune en demande la vente ou l'afferme.

12. — L'assemblée des habitants pourra pareillement déterminer qu'un bien communal continuera à être joui en commun, et, dans ce cas, elle fixera les règles qu'elle croira les plus utiles pour en régler la jouissance commune.

13. — La délibération qui déterminera la jouissance en commun, ne pourra être révoquée pendant l'espace d'une année.

14. — La délibération qui, dans ce cas, fixera le mode de jouissance, sera transmise au directoire du département, pour être autorisée sur l'avis du district.

15. — Dans le cas où l'assemblée des habitants aura déterminé la jouissance en commun de tout ou partie d'un communal, les propriétaires non habitants qui jouissaient du droit d'y conduire leurs bestiaux, continueront d'en jouir comme les autres habitants.

16 — Lorsque le partage sera décidé, l'assemblée procèdera à la nomination de trois experts pris hors de la commune, dont un au moins sera arpenteur, et de deux indicateurs choisis dans l'assemblée pour effectuer le partage.

17. — Cette nomination sera faite à haute voix et à la pluralité relative des suffrages.

18. — Si l'assemblée n'a pas terminé ses opérations le dimanche fixé pour sa première séance, elle pourra s'ajourner au dimanche suivant.

19. — Le procès-verbal de l'assemblée sera dressé en double original, dont l'un sera déposé aux archives de la commune, et l'autre à celles du district.

20. — Le Conseil général de la commune conviendra d'avance, avec les experts nommés, du prix qui devra leur être payé pour leurs opérations.

21. — Les experts procèderont de suite au partage et à la fixation comparative et proportionnelle de chaque lot, suivant les différentes qualités du sol, avec bornages distinctifs.

22. — Chaque lot sera numéroté.

23. — Les experts, conjointement avec les indicateurs, désigneront préalablement les chemins nécessaires pour toutes issues, ainsi que ceux qu'il conviendra de laisser pour les communications intérieures et l'exploitation particulière. Ils désigneront pareillement tous les canaux, fossés d'égoût et autres objets d'art nécessaires et d'une utilité commune, afin qu'ils soient tous soustraits de la masse générale à partager.

24. — Lesdits experts désigneront pareillement les chemins nécessaires pour parvenir à des mares ou à des abreuvoirs communs, reconnus indispensables dans quelques lieux pour abreuver les bestiaux, ou pour d'autres usages d'une utilité générale.

25. — Ils dresseront procès-verbal de leurs opérations en double original qu'ils signeront, ainsi que les indicateurs, et dont un sera déposé aux archives de la commune, et l'autre à celles du district.

26. — Dès que les experts auront terminé leurs opérations et clos leur procès-verbal, le lot de chacun sera tiré au sort.

27. — En conséquence, les officiers municipaux feront proclamer, huit jours à l'avance, le jour du tirage qui sera toujours un dimanche.

28. — Les numéros correspondant à chaque lot seront placés dans une urne.

29. — L'appel se fera par ordre alphabétique, et les officiers municipaux tireront pour les absents.

30. Il sera du tout, dressé procès-verbal en double original, dont un sera déposé aux archives de la commune, l'autre à celles du district.

31. — Les frais qu'entraînera l'opération du partage, seront répartis par tête entre les co-partageants.

32. — Si un bien communal était assujetti à une rente foncière ou redevance non supprimée par les précédents décrets, elle sera rachetée avant de procéder au partage, et le prix du rachat sera réparti par tête entre les co-partageants, si mieux n'aiment les intéressés aliéner une portion suffisante desdits biens, pour payer les frais de partage, et rembourser les capitaux des rentes ou redevances dont le communal sera chargé.

33. — Si tout ou partie d'un communal était affermé, les copartageants seront tenus d'entretenir le bail ou d'indemniser les fermiers.

34. — Les citoyens qui auront, en vertu du décret du 11 octobre, cultivé et ensemencé une partie du bien communal, jouiront des récoltes provenant de leurs travaux, sans qu'il puisse leur être porté, à raison du partage, aucun trouble ni empêchement.

35. — Pendant les cinq premières années, à compter du jour de la promulgation du présent décret, il ne sera perçu que quinze sous pour tout droit d'enregistrement, pour chaque contrat d'échange des fonds partagés.

36. — Il ne pourra être rien changé, à raison du présent décret, à l'état actuel des chemins vicinaux connus sous-le nom de *voyeux*, *voiries*, ou autres dénominations quelconques. La Convention nationale charge son comité d'agriculture de lui présenter incessamment un projet de décret pour déterminer la largeur qu'ils doivent avoir.

37. — Les revenus provenant, soit du prix des fermes des biens patrimoniaux ou communaux qui ne seraient pas partagés, ou de la vente de ceux que l'assemblée des habitants aurait délibéré et obtenu la permission de vendre, ne seront plus mis en moins imposé ni employés à l'acquit des charges locales ; mais ils seront partagés par tête dans la forme prescrite pour le partage des biens communaux.......

La section IV s'occupe du mode de procéder au partage entre les communes qui possèdent concurremment, et la Vᵉ section indique la marche à suivre pour mettre fin aux contestations qui peuvent s'élever au sujet de l'exécution de la loi.

VIII.

En présence du texte qui précède, chacun peut étudier la question.

Nous pensons qu'en faisant subir au décret du 11 juin 1793 quelques modifications indispensables pour le mettre en rapport avec les besoins et les coutumes de ceux qui seraient appelés à en bénéficier, on arriverait, dans un bref délai, à consacrer avec impartialité et justice, la propriété

individuelle, *en multipliant*, ceci est absolument néces-
saire au point de vue de l'intérêt général du pays, —
le nombre des petits propriétaires!..

9 782013 433990